AF227217

N° 2   **10 centimes**   Aout 1883

PUBLICATION DE LA LIGUE RÉPUBLICAINE

POUR

LA RÉVISION DE LA CONSTITUTION

LA

SOUVERAINETÉ NATIONALE

ET LA

CONSTITUTION DE 1875

Par RAOUL CANIVET

Correspondant du Petit Lyonnais, Secrétaire de la Ligue Républicaine pour la Révision de la Constitution

D'APRÈS LES DEUX RÉPUBLIQUES

DE

A. Edouard PORTALIS

Membre du bureau de la Ligue républicaine pour la Révision de la Constitution.

AVEC

Une Lettre de M. BARODET

Député de la Seine, Vice-Président de la Ligue Républicaine pour la Révision de la Constitution.

LETTRE DE M. BARODET

Mon cher Canivet,

Votre brochure, résumé du beau livre de notre ami Portalis, (1) expose, avec une clarté parfaite, les vices et les dangers de la Constitution de 1875.

Après l'avoir lue, il n'est personne, parmi les républicains sincères, qui ne comprenne la nécessité de la Révision par une assemblée spéciale émanant du suffrage universel.

Je la crois donc appelée à rendre de très-grands services à notre cause et je ne saurais vous féliciter trop de l'avoir écrite.

A vous bien cordialement.

D. BARODET.

LA SOUVERAINETÉ NATIONALE

ET LA

CONSTITUTION DE 1875

Lorsque la Ligue Républicaine pour la Révision de la Constitution s'est fondée, elle a immédiatement défini son but.

« Une Ligue républicaine pour la Révision est for-
« mée afin d'obtenir une Révision de la Constitution
« *organisant* la République conformément au principe
« de la Souveraineté nationale et aux Droits du Suf-
« frage universel. » Tel est le premier article de nos statuts.

Il paraît que ce texte n'était pas suffisamment clair, suffisamment précis, car nos adversaires déclarèrent que le programme de la Ligue n'était pas de nature à lui rallier l'assentiment de la majorité des Républicains. Il nous suffirait de rappeler les progrès incessants de la propagande révisionniste, et d'énumérer les adhésions reçues depuis la fondation de la Ligue. Ces adhésions ne sont-elles pas aussi concluantes que possible.

Mais il importe de ne pas laisser sans réponse les allégations des adversaires plus ou moins déguisés de la Révision ; il importe surtout de montrer à nos amis que la formule inscrite en tête des statuts de la Ligue, renferme exprimé aussi heureusement que possible, le critérium le plus sûr et le plus efficace pour édifier une Constitution républicaine, en même temps qu'elle permet de juger avec une rigueur véritablement scientifique, la valeur de la Constitution de 1875.

Notre but est double. Dans cette première brochure, nous voulons examiner les rouages divers de la Constitution de 1875, au point de vue de la Souveraineté nationale et des droits du Suffrage universel ; plus tard nous verrons comment une Constitution rédigée conformément aux droits du suffrage universel doit être faite, par qui elle doit être faite et comment elle doit fonctionner.

Tout d'abord il convient de poser les principes pour en déduire ensuite les conséquences naturelles et logiques.

LA SOUVERAINETÉ NATIONALE

Le 20 août 1789, l'Assemblée constituante adopta, sur la proposition de Mounier, le troisième paragraphe de la Déclaration des Droits de l'Homme et du Citoyen, ainsi conçu :

Le principe de toute souveraineté réside essentiellement dans la Nation. Nul corps, nul individu ne peut exercer d'autorité qui n'en émane expressément...

Depuis ce jour la Souveraineté nationale est devenue la base unique et essentielle, la source et le pivot de notre droit national, politique et social. L'esprit le plus extravagant ne saurait concevoir aucun système, aucun gouvernement monarchique ou républicain prenant son point d'appui ailleurs que dans la Nation reconnue et proclamée souveraine par toutes nos Constitutions sans exception.

Supprimez la Souveraineté nationale, que reste-t-il de notre société ?

Il n'existe plus ni ordre, ni loi, ni justice, ni droit, ni devoir, ni famille, ni propriété. C'est la décomposition : c'est l'anarchie. Au nom de qui et de quoi les juges rendront-ils la justice ? En vertu de quel droit les gendarmes et les sergents de ville arrêteront-ils les criminels, protégeront-ils l'ordre, la propriété, le travail et la vie des citoyens ? A quelle effigie frappera-t-on les pièces de monnaie et les billets de banque ? Quelle sera la raison sociale de la société française ? Que deviendra la France, désemparée, ayant perdu ce qui lui reste de boussole ?

Heureusement que de pareilles hypothèses sont inutiles à discuter. La Souveraineté nationale est pour la société française, comme elle sera bientôt pour le monde entier, le Verbe nouveau que tous les Français confessent, et en dehors duquel il n'existe pas de salut.

Si ces prémisses sont acceptées, les conclusions sont faciles à tirer :

Tous les systèmes qui seront en contradiction avec le principe de la Souveraineté nationale ne seront que des expédients et aboutiront à des catastrophes.

Tels l'Empire et la Monarchie.

Il est évident que, si deux souverains, dont la Souveraineté a un seul but et unique objet, sont mis en présence, la guerre ne peut manquer d'éclater entre eux. Le plus fort se précipite sur le plus faible, et l'écrase. Chez les nations démocratiques, où le principe de la

Souveraineté nationale domine les institutions, où le monarque, quel qu'il soit, existe seulement en vertu de l'investiture que son concurrent et son supérieur en souveraineté, le Peuple, lui a donnée, il n'y a même pas de lutte. Lorsque la Souveraineté populaire, *inaliénable en fait* et *imprescriptible*, s'insurge contre la Souveraineté monarchique, le monarque sachant qu'il n'a pas le droit pour lui, qu'il n'a régné que par compromis, par tolérance, ne songe même pas à résister. Il se sauve. Personne, d'ailleurs, ne se lève pour le défendre. Ses plus chauds partisans, ceux qu'il a gorgés d'honneurs et d'argent, sont les premiers à crier : C'est bien fait ! L'expérimentation historique confirme ici les conclusions de la logique. La chute des deux Empires, de la Monarchie légitime et de la Monarchie constitutionnelle démontre que la *République est le seul régime compatible avec la Souveraineté nationale, comme il est le seul dont la Raison puisse accepter l'hypothèse chez un peuple démocratique.*

Nous sommes donc en présence de deux propositions démontrées, indiscutables, évidentes :

1° Il ne peut exister et on ne peut concevoir en France un gouvernement qui n'ait pas pour principe la Souveraineté nationale;

2° La République étant le seul gouvenement qui ne soit pas en contradiction avec le principe de la Souveraineté nationale, est aussi le seul qui puisse coexister avec lui.

Conséquences :

1° Le gouvernement que nous cherchons, le gouvernement rationel aura pour base la Souveraineté nationale ;

2° Il sera la République.

CONSÉQUENCES

Mais il va de soi que si le gouvernement de la République, *ses institutions* et *ses lois ne sont pas en harmonie avec le principe de la Souveraineté nationale* sur lequel reposent inéluctablement notre droit public et privé, l'autorité du gouvernement et les prétentions des partis, la République sera sujette aux mêmes aventures et aux mêmes catastrophes que l'Empire et la Monarchie.

La moindre dérogation au principe fondamental de la société aura pour effet immédiat et fatal, sous la République comme sous les autres régimes, de fausser le ressort de tout l'organisme politique et social, et, comme l'erreur ne peut engendrer qu'une erreur plus grande, qui conduit du faux à l'absurde, du ridicule au grotesque.

Voici donc comment se pose le problème et comment il peut être formulé :

Étant donné que le gouvernement de la France a pour base unique et nécessaire la Souveraineté nationale, et qu'il ne peut être que la République, trouver le gouvernement, les institutions et les lois qui soient l'expression et l'application rationnelle, méthodique et naturelle du principe primordial essentiel et incommutable de la Souveraineté du Peuple.

Mais auparavant, il convient d'examiner si la Constitution qui nous régit de par la volonté de la majorité réactionnaire de l'Assemblée élue un jour de malheur est en accord avec les principes que nous avons posés et les conséquences que nous en avons déduites. Car au cas où la Constitution de 1875 serait en accord avec les principes essentiels de la République, il serait inutile de chercher à résoudre le problème que nous avons posé ; il serait résolu d'avance.

LES POUVOIRS PUBLICS

—

D'après la Constitution de 1875, le Pouvoir exécutif est exercé par le Président de la République.

Le Pouvoir législatif s'exerce par deux Assemblées : la Chambre des Députés et le Sénat.

Examinons successivement ces trois rouages de la Constitution : la Chambre des députés, le Sénat et la Présidence, et voyons s'ils sont établis et s'ils fonctionnent conformément au principe de la Souveraineté nationale et aux droits du Suffrage universel.

LA CHAMBRE DES DÉPUTÉS ET LA SOUVERAINETÉ NATIONALE

—

I. — Dans toutes les démocraties on admet que l'Assemblée chargée d'établir le budget et de voter les impôts doit tirer son origine de l'élection par le Suffrage universel. C'est le peuple qui paye, c'est donc lui qui doit avoir le dernier mot, au moins indirectement en matière budgétaire. C'est bien ainsi que la chose se passe en France et c'est, en effet, le suffrage universel qui nomme les députés.

Nous n'avons pas ici à discuter le meilleur mode de scrutin et la valeur respective du scrutin de liste, ou du scrutin uninominal. Seulement il nous est permis de dire que le scrutin uninominal, tel qu'on le pratique actuellement en France, n'est pas établi conformément aux droits du Suffrage universel.

En voici la preuve :

« Chaque arrondissement administratif, dit la loi.

« organique du 30 novembre 1875 nommera un Dé-
« puté. »

Il en résulte que l'arrondissement de Barcelonette
(dans les Hautes-Alpes) qui a 16,000 habitants et tel
autre arrondissement qui en a 100,000 sont égaux devant le scrutin. Chacun d'eux a son député. Pour ren-
verser un ministère, pour supprimer une liberté, pour
voter des impôts, pour déclarer la guerre, pour refuser
l'amnistie, la voix de l'un pèse autant que celle de
l'autre.

Si la République était organisée conformément au
principe de la Souveraineté nationale, l'élection des
Députés ne devrait pas avoir pour base une division
administrative purement arbitraire, mais la population
elle-même et tous les Députés devraient être nommés
par un même nombre d'électeurs.

» II. — Les Députés votent le budget, et rien cepen-
dant dans la loi ne leur interdit l'exercice d'une fonction
publique; or il est illogique et immoral que celui qui vote
le budget puisse en profiter; que celui qui décide les
traitements puisse se les attribuer. En France, les Députés peuvent se donner à eux-mêmes les plus belles
places. Ils peuvent être ministres, sous-secrétaires
d'Etat, ambassadeurs, ministres plénipotentiaires,
gouverneurs de l'Algérie, préfet de la Seine, préfets de
police, magistrats, archevêques, évêques, etc., etc. Les
Sénateurs peuvent être tout cela, et, de plus, maré-
chaux, généraux, amiraux, gouverneurs de la Banque, etc.; — et quand ils acceptent ces grasses fonc-

tions, les Députés et les Sénateurs français ne sont même pas obligés de se présenter à nouveau devant leurs électeurs, comme les membres de la Chambre des Communes d'Angleterre dont on vante à tout propos et hors de propos les institutions et les coutumes parlementaires.

III. — Lorsque M. Gambetta était dans l'opposition il disait : « La meilleure garantie de la fidélité « des mandataires du peuple, c'est la fréquence des « élections. » Or, le mandat des députés a en France une durée de quatre années, pendant lesquelles l'électeur, c'est-à-dire le vrai souverain, n'a aucun recours contre l'infidélité du mandataire.

IV. — Mais il y a plus : Les auteurs de la Constitution de 1875 ont, par l'article 5 de la Constitution, donné au Président de la République le droit anormal et exorbitant de dissoudre, sur l'avis du Sénat, issu de son propre suffrage et du suffrage restreint, la Chambre des Députés, le seul des trois pouvoirs établi par la Constitution qui existe en vertu d'une élection par le Suffrage universel, le seul par conséquent qui soit une émanation directe de la Souveraineté nationale.

Dans la République démocratique, la Constitution, faite par le Peuple, n'étant et ne pouvant être que la franche et loyale application du principe de la souveraineté nationale, ne contiendra pas une clause qui est la négation de ce principe, une clause qui est un défi de la loi à la raison, une clause qui prévoit, prescrit et réglemente l'insurrection de l'arbitraire contre le droit des gouvernants contre les gouvernés, du sujet contre le souverain, d'un Mac-Mahon, d'un Broglie et d'un Fourtou contre la Nation. Comme aux Etats-Unis, la Chambre des Députés ne pourra jamais être dissoute *en aucun cas*. Elle ne sera responsable de sa conduite et de ses votes que *devant le Peuple*.

V. Ainsi la seule Assemblée issue du Suffrage universel est organisée de telle façon que les droits du Peuple souverain sont lésés.

Mais que dire du Sénat ?

LE SÉNAT ET LA SOUVERAINETÉ NATIONALE

I. Nous ne parlerons que du Sénat actuel sans entrer dans aucune discussion au sujct de l'institution d'une seconde Chambre.

Le Sénat est-il établi conformément au principe de la Souveraineté nationale?

Les faits vont répondre pour nous.

Dans un pays où le Peuple souverain est la source nécessaire, unique et permanente de tous les pouvoirs, une Assemblée qui recrute elle-même une partie de ses membres, est un contre-sens tel que l'Empire lui-même n'en offrait pas l'exemple. A défaut d'héritiers légitimes ou adoptifs, le choix du successeur de l'empereur devait, sous le régime impérial, être soumis à l'approbation du

Peuple, tandis que sur les trois cents membres dont se compose le Sénat, *soixante-quinze sont toujours nommés par le Sénat lui-même*. Ces soixante-quinze sont *inamovibles*, comme les magistrats de l'Empire, et *perpétuels*, comme les membres de l'Académie. *Quant aux deux cent vingt-cinq autres Sénateurs*, qui se renouvellent par tiers tous les trois ans, ils sont élus pour *neuf années*, un tiers de la vie humaine, par un collège électoral composé, dans chaque département, « des députés, des conseillers généraux, des conseil- « lers d'arrondissement, enfin de délégués élus, un par chaque Conseil municipal, parmi les électeurs de la « Commune. » Dans ce collège électoral, les conseillers généraux, auxquels la politique est interdite, l'emportent par le nombre sur les Députés qui font la Constitution, votent les lois et dirigent la politique générale du pays. Les conseillers d'arrondissement qui ne s'occupent que de la répartition des impôts dans l'arrondissement, l'emportent sur les conseillers généraux, dont la compétence s'étend en matière économique et financière à tout le Département.

Enfin les villages l'emportent sur les villes, et les petites villes sur les grandes. Les 73 plus grandes villes de France ont 73 suffrages, les autres Communes en ont 37,475. Paris, Lyon, Marseille, Bordeaux, |Lille et Toulouse, avec leurs trois millions d'habitants, n'ont pas plus de voix que six Communes rurales ayant ensemble 600 habitants. Une Commune de 100 habitants marche de pair avec une Commune de 1,800,000. Cha-

.cune a un délégué. L'un sait à peine lire et écrire. L'autre s'appelle Victor Hugo. Asnières vaut Paris, mais Asnières et Puteaux sont à Paris, comme deux est à un.

II. — Lorsque la question d'une seconde Chambre était venue en discussion devant l'Assemblée nationale de 1879, un amendement de M. Pascal Duprat avait été voté, établissant que le Sénat serait élu par le suffrage universel comme la Chambre. Les orléanistes, qui étaient les vrais auteurs de la Constitution, dirent alors le mot de la situation par la bouche d'un des leurs, M. de Chabaud-Latour, qui s'écriait en s'adressant aux républicains : « Nous ne pouvions plus voter avec vous quand nous avons vu se dresser devant nous le *suffrage universel.* » Voilà le mot de la Constitution.

Et ce Sénat a tellement bien été fait contre le suffrage universel, que toutes les victimes du suffrage universel y trouvèrent bientôt un naturel asile. Faut-il rappeler l'élection de M. Buffet, recueilli par le Sénat alors qu'il avait été battu non-seulement par le suffrage universel, mais encore par le suffrage restreint ?

III. — En parlant de la Chambre des députés, nous disions que l'Assemblée élue directement par le peuple devait avoir seule, dans une démocratie, le droit de voter des impôts. Avec la Constitution de 1875 le Sénat, issu du suffrage restreint, possède les mêmes droits et on a vu récemment certains crédits relatifs aux cultes supprimés par les élus du suffrage universel, mais

rétablis par les élus du suffrage restreint et par les inamovibles.

IV. — Nous avons déjà dit que le Sénat, sur la proposition du Président de la République, pouvait dissoudre la Chambre. Nous ne reviendrons pas sur ce
point.

Mais il est une autre prérogative du Sénat, établi par
la Constitution de 1875 qui est non moins monstrueuse
et attentatoire au principe de la Souveraineté nationale.

L'article 12 de la Constitution du 25 février 1875 dit
ceci : « Le Président de la République ne peut être mis
en accusation que par la Chambre des députés et ne
peut être jugé *que par le Sénat.* » Les Ministres peuvent aussi être mis en accusation par la Chambre des
députés pour crimes commis dans l'exercice de leurs
fonctions. Dans ce cas, c'est encore le Sénat qui est
juge. Enfin le Sénat peut, aux termes de ce même article 12 « être constitué en Cour de justice par un décret
du Président de la République rendu en Conseil des
Ministres, pour juger toute personne prévenue d'at-
tentat commis contre la sûreté de l'Etat. »

Ainsi c'est aux deux pouvoirs qui ne sont ni l'un ni
l'autre une émanation directe de la Souveraineté nationale, qui sont déjà armés de ce droit exorbitant de
dissolution de la Chambre du suffrage universel, qu'est
remise cette puissance judiciaire immense, illimitée, de
juger ceux qui auront attenté à la République, c'est-
à-dire au droit du Suffrage universel.

Quel parti ne pourrait pas tirer de semblables dispositions contre la Constitution, la République et la Liberté, un Président de la République qui serait d'accord avec la majorité du Sénat ?

LE POUVOIR EXÉCUTIF ET LA SOUVERAINETÉ NATIONALE

—

Aux termes de la Constitution, le pouvoir exécutif est exercé par le Président de la République nommé par le Congrès, c'est-à-dire par les deux Chambres réunies. Les Ministres partagent ces attributions avec le Président de la République.

Mais le Président de la République jouit encore d'autres prérogatives. Ses attributions touchent à *tous les pouvoirs* ; attributions législatives, attributions judiciaires et attributions exécutives.

Avec les membres des deux Chambres il a l'initiative des lois ; il a le droit de grâce ; c'est lui qui prononce la clôture de la session ; il a le droit de convoquer extraordinairement les Chambres ; il peut les ajourner. Enfin il peut dissoudre la Chambre élue par le suffrage universel, sur l'avis conforme de la Chambre du Suffrage restreint.

Le Président de la République choisit et nomme les Ministres et les Sous-Secrétaires d'Etat. Avec le Président de la République, les Ministres nomment les Magistrats, les Conseillers à la Cour de Cassation, les Conseillers à la Cour, les Présidents de Cours et de Tribunaux, les juges, les Procureurs et Avocats-Généraux, les Procureurs de la République, les Substituts, les Greffiers, le Préfet de Police, les Commissaires de Police, les Sergents de Ville, le Préfet-Maire de Paris, le Préfet-Maire de Lyon, les Préfets, les Sous-Préfets, les Maires, les Chefs de Service et Employés des Ministères et Préfectures, les Secrétaires-Généraux, les Conseillers de Préfecture, les Directeurs de l'Assistance publique, les Membres des Bureaux de Bienfaisance, les Trésoriers-Payeurs généraux, les Receveurs des Finances. les Percepteurs, les Directeurs et Employés des Postes, des Télégraphes, des Douanes, des Contributions Directes et Indirectes, les Directeurs et Receveurs de l'Enregistrement, les Conservateurs des Hypothèques et des Forêts, le Gouverneur et les Régents de la Banque de France, le Gouverneur du Crédit Foncier, les Recteurs d'Académies, les Professeurs, Proviseurs, Censeurs, Instituteurs, les Ingénieurs en chefs, Ingénieurs, Conducteurs des Ponts-et-Chaussées, Inspecteurs, etc., etc., etc.

Le pouvoir exécutif dispose ainsi de plus de cinq cent mille places et d'un budget de trois millards.

Ces pouvoirs sont-ils conformes aux droits du suffrage universel? Poser la question, c'est la résoudre.

LE POUVOIR JUDICIAIRE ET LA SOUVERAINETÉ NATIONALE

—

Nous avons examiné le pouvoir législatif et le pouvoir exécutif : Il nous reste à examiner le pouvoir judiciaire.

Remarquons d'abord que la Constitution de 1875 est une des rares Constitutions qui ne contiennent aucune mention de l'organisation judiciaire. Depuis 1791 jusqu'à nos jours, les législateurs avaient au contraire accordé un soin jaloux à cet ordre de disposition et avaient tenu à régler, à arrêter au moins dans ses grandes lignes l'organisation de la justice. C'est que pour ces législateurs, l'indépendance des magistrats était considérée comme une garantie essentielle de l'ordre public et de la liberté.

A l'heure actuelle, le Juge est inamovible, et il est

nommé par le pouvoir exécutif. Dans l'inamovibilité on avait cru trouver une garantie d'indépendance et de dignité. Mais en réalité l'inamovibilité n'élève pas plus la situation du Juge que son caractère. Elle ne change rien à son état de dépendance vis à vis du Gouvernement, maître de sa fortune, de son avenir et de son honneur. Inamovible ou non, le Juge nommé par le Gouvernement est sous la monarchie la créature du Souverain comme il est sous la République actuelle la créature du ministère. Il rend des arrêts; tantôt dans un sens, tantôt dans un autre, selon que le Gouvernement incline à droite ou à gauche.

Quant à la manière la plus sûre de rendre le Juge indépendant, c'est de le remplacer par le jury. Il y a, en effet, une chose qui est au dessus de toute corruption et de toute séduction, c'est l'indépendance du peuple exerçant lui-même les fonctions de magistrat.

Mais le Jury qui est la magistrature démocratique par excellence, ne peut pas absolument remplacer les Juges. Un Juge est nécessaire pour interpréter la loi et l'appliquer. Il convient donc d'examiner par qui le Juge doit être nommé dans une république démocratique.

Or, pour résoudre la question, il suffit de s'attacher au principe de la Souveraineté nationale.

Si la Souveraineté appartient au Peuple, toute justice doit dans la République, émaner du Peuple, comme naguère dans la monarchie, toute justice émanait des rois. Or, nous l'avons vu, en France, d'après la Constitution et les lois qui nous régissent, c'est le Pouvoir exécutif qui nomme les juges. Pour que la Souveraineté nationale devienne une réalité féconde, une garantie certaine d'ordre et de stabilité; pour que la Liberté, sans laquelle il n'existe ni souveraineté, ni sécurité, devienne un droit fondamental, inattaquable et imprescriptible, pour qu'elle soit placée, comme M. Gambetta le demandait en 1873, au-dessus des entreprises des partis et des attentats des majorités; pour que les mauvaises lois et les mauvais fonctionnaires ne soient plus à craindre; pour qu'aucun gouvernement, quel qu'il soit, usurpateur ou légal, ne puisse obtenir d'arrêt, ni contre la Liberté, ni contre le Peuple, il ne suffit pas que la Liberté soit législativement proclamée. Il ne suffit pas non plus de restituer à la Nation son droit d'intervenir dans la confection de la Constitution nouvelle. Il faut encore donner à la Liberté cette garantie essentielle du jury et de l'élection des juges par le suffrage universel.

Pour que la liberté soit fondée, pour que la justice règne, il faut que, selon la belle expression de Michelet, le Peuple juge le Peuple; il faut enfin que le Peuple puisse perpétuellement citer à sa barre, et frapper, au nom de la Justice et de la Souveraineté nationale le fonctionnaire chargé d'appliquer la Loi, quels que soient son uniforme, son caractère et son rang.

Mais avec les lois actuelles, nous devons constater

que le pouvoir judiciaire est établi contrairement aux principes essentiels de la République, et qu'il n'est pas une garantie de la Liberté.

LE DROIT DE RÉVISION

L'article 10 de la Constitution du **25 février 1875**, concernant la Révision, est ainsi conçu :

« Les Chambres auront le droit par délibération
« séparée prise dans chacune, à la majorité absolue
« des voix, soit spontanément, soit sur la demande
« du Président de la République, de déclarer qu'il
« y a lieu de réviser les lois constitutionnelles.

« Après que chacune des deux Chambres aura
« pris cette résolution, elles se réuniront en Assem-
« blée nationale pour procéder à la Révision.

« Les délibérations portant Révision des lois con-
« stitutionnelles, en tout ou en partie, devront être
« prises à la majorité absolue des membres compo-
« sant l'Assemblée nationale. »

Pour que la Constitution de la République française puisse être révisée, il faut donc et il suffit qu'une majorité d'une voix soit acquise à la Révision dans l'une et l'autre Chambre.

Faisons remarquer d'abord que, d'après la Constitution, les Sénateurs issus du suffrage restreint et les inamovibles ont pour se prononcer sur l'opportunité de la révision exactement les mêmes droits que les élus du suffrage universel.

Ainsi M. Buffet, M. Baragnon, M. Chesnelong et autres inamovibles élus par le Sénat après avoir été repoussés par le suffrage universel peuvent par leur vote décider que la Révision n'aura pas lieu.

Il y a là une flagrante dérogation au principe que nous avons posé au commencement [de cet opuscule, c'est-à-dire à la Souveraineté populaire.

Mais il y a plus. Ce que la Constitution de 1875 a consacré dans cet article 10, c'est tout simplement l'omnipotence des Assemblées. Comment donc le Peuple pourra-t-il faire entendre sa voix ? Comment pourra-t-il déclarer qu'il entend réviser la Constitution et comment se fera-t-il obéir de ses élus ?

Le Peuple a le bulletin de vote. Rien de mieux. Il pourra donc tous les quatre ans inscrire dans le mandat de ses députés la clause de la Révision. Mais quelle garantie aura-t-il que sa volonté sera exécutée ? Aucune. Et, en effet, les Constituants orléanistes de 1875 ont eu bien soin d'introduire dans la loi électorale un

article (art. 13) qui déclare « nul et de nul effet *tout*
« *mandat impératif.* »

La Constitution du 24 juin 1793, portait, au contraire, dans son article 115 : « Si dans la moitié des
« départements, plus un, le dixième des Assemblées
« primaires de chacun d'eux régulièrement formées,
« demande la révision de l'acte constitutionnel ou le
« changement de quelques uns de ses articles, le Corps
« législatif est tenu de convoquer toutes les assemblées
« primaires de la République pour savoir s'il y a lieu
« de nommer une Convention nationale chargée de
« réviser la Constitution. » Et Robespierre, dans l'article 28 de la déclaration des Droits de l'homme et du
citoyen, affirmait ce principe « qu'un Peuple a toujours
« le droit de revoir, de réformer et de changer sa Con-
« stitution. »

Et malgré le bulletin de vote que le Peuple possé-
dait alors, comme il le possède aujourd'hui, Robespierre se crut obligé d'inscrire en tête de sa Constitution cette Déclaration fameuse qui, même abrogée, n'a
jamais cessé de dominer nos institutions, et qui peut
être considérée comme la loi des lois successivement
promulguées en France depuis quatre-vingt-ans :

« Quand le Gouvernement viole les droits du Peu-
« ple, l'insurrection est pour le Peuple et pour chaque
« portion du Peuple le plus sacré et le plus indispen-
« sable des devoirs. »

LES DROITS DE L'HOMME ET LA CONSTITUTION DE 1875

—

L'article premier de la déclaration des Droits de l'homme et du citoyen disait :

« Le but de toute association politique est le main-
« tien des droits naturels et imprescriptibles de
« l'homme et le développement de toutes ses facultés. »

Et la Déclaration énumérait les droits naturels de l'individu.

Que sont devenus ces droits dans la Constitution de 1875. Le droit d'écrire, de parler, de se réunir, de s'associer, sont-ils inscrits en tête du pacte social ? Il n'en est pas dit un mot.

Les Chambres, les Ministres, le Président de la République peuvent légiférer sur ces matières ; proposer et voter des lois restrictives des droits de l'homme sans que le Peuple puisse faire entendre sa voix.

CONCLUSION

La Constitution de 1875, œuvre d'une Assemblée incompétente, votée sans l'assentiment du Peuple, ne garantissant aucun des droits naturels de l'homme et du citoyen, est dans toutes ses parties en désaccord avec le principe même de la République, c'est-à-dire avec la Souveraineté nationale.

Nous pouvons donc conclure que cette Constitution doit être revisée intégralement si on veut enfin organiser la République conformément aux principes de la Souveraineté nationale et aux droits du Suffrage universel.

AVIS

*Tous les journaux, groupes ou comités adhérents
sont instamment priés de notifier directement a
Bureau de la Ligue républicaine pour la révisio
de la Constitution (3, rue Cadet, à Paris) :*

1° Leur adhésion;

2° Le **Nom** *et l'Adresse de leur Délégué
l'Assemblée générale;*

*3° Les procès - verbaux des réunions publique
ou privées ainsi que les diverses résolutions votée
à la suite des Conférences.*

*Le Bureau de la Ligue rappelle une fois d
plus à tous ses adhérents qu'il ne peut communi-
quer les comptes - rendus aux divers journaux
révisionnistes qu'autant que ces comptes-rendus
lui sont directement adressés.*

Paris. — Imp. Chélu, 16, rue de Vaugirard.

www.ingramcontent.com/pod-product-compliance
Lightning Source LLC
Chambersburg PA
CBHW071420030726
47594CB00006B/2507